YANN CAUDAL · NICOLE MASSON · ARNOLD VINCENT

MON CAHIER MÉMOIRE

Ma gymnastique ... des neurones !

Sommaire

Comment utiliser votre cahier de gymnastique cérébrale ?...

Échauffement, musculation, détente... En 4 fois 3 temps et en 4 parcours seulement, votre mémoire sera intégralement regonflée.

Rendez-vous d'abord page 3 pour entamer votre premier parcours. Suivez le programme dans l'ordre qui vous est proposé et reportez-vous aux solutions page 15 une fois seulement ce parcours réalisé. Puis pour calculer votre score, rendez-vous page 17.

Procédez de la même manière pour les trois autres parcours.

Alors, ça y est, vous êtes paré pour amorcer votre premier exercice ? Ami gymnaste, un dernier conseil pour profiter pleinement de votre cahier de gymnastique cérébrale : dites-vous que le plus important est de progresser en vous amusant...

Vous êtes prêt ? Allez, c'est parti !

1er parcours
C'EST PARTI !

Et hop ! Vous voilà devant votre premier parcours « mémoire » ! Pour commencer, choisissez un endroit au calme où vous serez sûr de ne pas être dérangé pendant un bon quart d'heure… Peut-être irez-vous plus vite pour résoudre les jeux, mais rappelez-vous que vous n'êtes pas là pour réaliser des prouesses éphémères, mais plutôt pour atteindre des performances optimales… Allez ! Il est temps de démarrer votre premier échauffement !

Jeu n° 1 :

SUR UN AIR DE RÉCITATION

JEU DE MÉMOIRE

Nombre de points à gagner :

3

Un point de moins par erreur

Mémorisez ce court extrait des *Caractères* de La Bruyère (orthographe, ponctuation, etc.). Puis, cachez le texte original et restituez-le.

Le devoir des juges est de rendre la justice ; leur métier, de la différer. Quelques-uns savent leur devoir et font leur métier.
Un coupable puni est un exemple pour la canaille ; un innocent condamné est l'affaire de tous les honnêtes gens.

Vous avez lu ce texte attentivement ? Alors, maintenant, c'est à vous !

Mémoire d'éléphant

L'expression « une mémoire d'éléphant » désigne une mémoire particulièrement vaste. Cette expression prend pied dans une réalité tangible puisque les pachydermes sont réputés pour se souvenir années après années des routes qu'ils empruntent pour aller d'une région à une autre. Les éléphants sont même capables de caler leur parcours avec la pousse des fruits qu'ils apprécient le plus de déguster.

Jeu n° 2 :
CLAP ! CARTES EN VRAC !

JEU D'OBSERVATION

Nombre de points à gagner :

5

Observez attentivement les cartes ci-dessous pendant 1 minute et mémorisez le maximum d'éléments (valeurs, couleurs, positions, etc.). Tournez ensuite la page pour répondre aux questions qui vous sont posées.

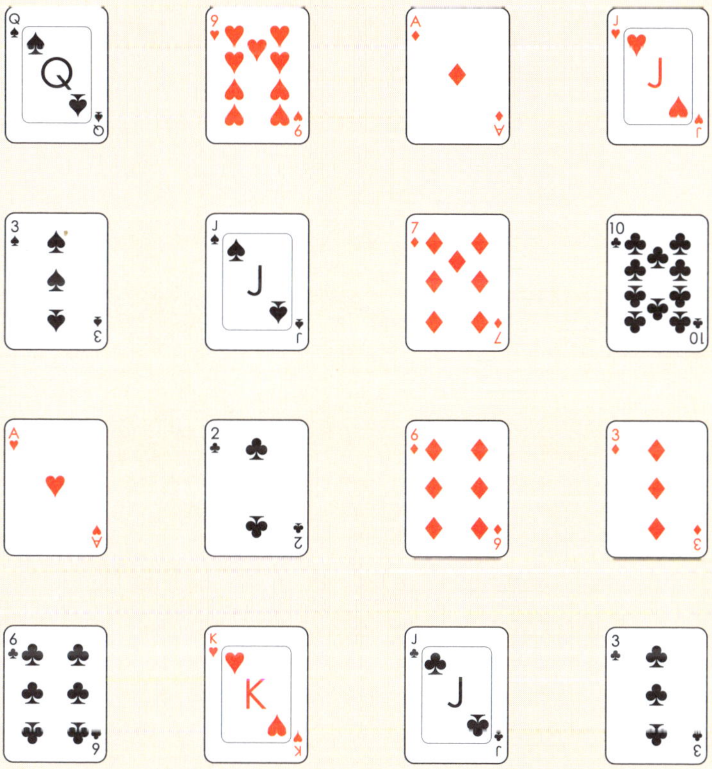

De la mémoire courte au trou de mémoire

« Avoir la mémoire courte », ou bien avoir un « trou de mémoire », sont deux expressions bien connues dans la langue française. La première signifie qu'une personne feint d'avoir seulement des souvenirs récents ou sélectifs ; la seconde exprime le fait qu'une personne aurait « perdu » un moment de sa mémoire et occulté un fait particulier.

Questions du jeu n° 2 :

CLAP ! CARTES EN VRAC !

Voilà ! Votre temps d'observation est écoulé… C'est à vous de jouer !

Un point par bonne réponse

1. Quelle est la première carte qui figure parmi la série de la page précédente ?

a.  b.  c.  d. 

2. Combien avez-vous pu observer de cartes trèfles ?
a. quatre b. cinq c. six d. sept

3. Combien y a-t-il d'As ?
a. aucun b. un c. deux d. trois

4. Pouvez-vous citer deux des cartes carreaux présentes ?

5. Combien y a-t-il de 4 ?
a. aucun b. un c. deux

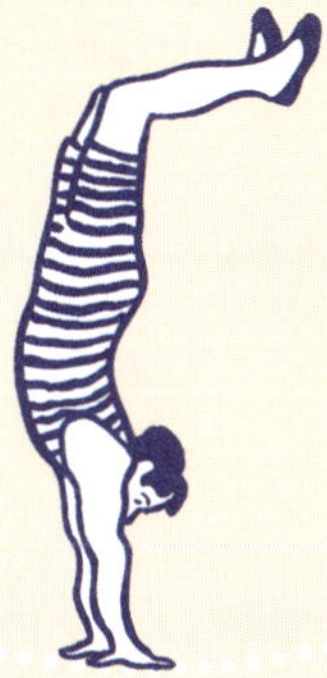

Jeu n° 3 : BRICOLAGE EN PAGAILLE

JEU D'OBSERVATION

Nombre de points à gagner :

5

Un point de moins par erreur

Vous êtes dans votre salle de bain et vous voulez changer le joint de la tête de votre robinet d'eau froide qui fuit. Amusez-vous à remettre dans le bon ordre les différentes étapes de votre opération !

A. Dévisser la vis que la pastille cachait et qui permet de défaire la tête du robinet
B. Évacuer toute l'eau en ouvrant le robinet
C. Fermer l'eau
D. Nettoyer le calcaire
E. Ôter la pastille bleue sur le dessus du robinet
F. Refermer le robinet
G. Replacer la tête de robinet
H. Replacer le cache de la pastille bleue
I. Replacer le nouveau joint
J. Retirer le joint usé
K. Revisser la grosse vis
L. Rouvrir l'eau

1. ....
2. ....
3. ....
4. ....
5. ....
6. ....
7. ....
8. ....
9. ....
10. ....
11. ....
12. ....

Un stimulus, des souvenirs…

Vous avez certainement déjà entendu parler de la fameuse « madeleine de Proust ». Il s'agit de réveiller un souvenir au moyen d'une image, d'une sensation, d'une odeur ou bien encore d'un goût particulier. On se rend compte alors que certains souvenirs étaient présent dans notre cerveau sans pour autant que l'on ait conscience de cette existence. L'effet est relativement impressionnant et peut permettre d'accéder à d'autres souvenirs connexes. Tous à vos fourneaux !

ÉCHAUFFEMENT **MUSCULATION** DÉTENTE

Jeu n° 4 :

CARREAUX PAR CŒUR

Nombre de points à gagner :

3

Un point de moins par erreur

**Observez la grille ci-dessous pendant 1 minute.
Tentez ensuite de la reproduire dans la grille prévue.
Sans regarder l'original, bien entendu !**

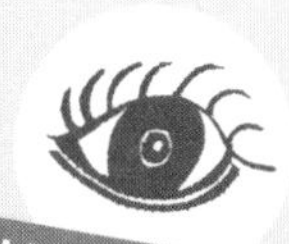

JEU D'OBSERVATION

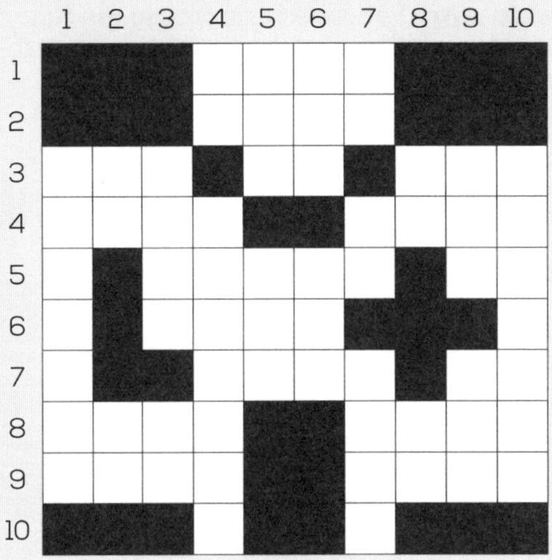

Maintenant, lancez-vous ! C'est à vous de jouer !

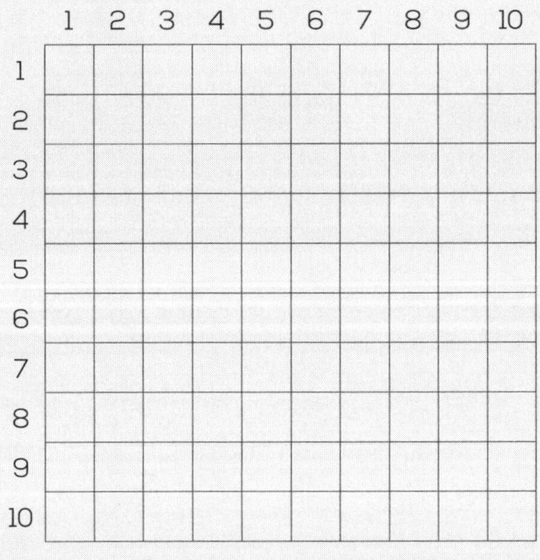

JEU D'OBSERVATION

Jeu n° 5 : CLAP ! NOMBRES EN VRAC !

Nombre de points à gagner :

5

Observez attentivement les nombres ci-dessous pendant 1 minute et mémorisez le maximum d'éléments (valeurs, positions, etc.). Tournez ensuite la page pour répondre aux questions qui vous sont posées.

12	4	21	5
18	11	8	7
2	8	6	0
1	9	3	15

Questions du jeu n° 5 :

CLAP ! NOMBRES EN VRAC !

Un point par bonne réponse

Voilà ! Votre minute d'observation est écoulée… C'est à vous de jouer !

1. Quel est le plus grand nombre impair ?
a. 17 b. 19 c. 21 d. 23

2. Quel est la somme des nombres situés aux quatre coins de la liste ?
a. 14 b. 27 c. 33 d. 41

3. Tous les chiffres inférieurs à 10 sont-ils présents ?
a. oui b. non

4. Lequel de ces nombres n'est pas situé directement à coté du 11 ?
a. 4 b. 3 c. 18 d. 12

5. Toutes les colonnes comportent au moins un nombre du rang des dizaines.
a. vrai b. faux

Un bonus de mémoire pour les femmes ?

Une récente étude américaine a mis en exergue que les femmes auraient davantage de mémoire que les hommes, en moyenne en tout cas. On parle à peu près de 15 % de mémoire émotionnelle supplémentaire. L'expérience s'est déroulée ainsi : une cinquantaine de cobayes (moitié hommes, moitié femmes) a été placée face à autant d'images plus ou moins marquantes (personnes, paysages, situations diverses, etc.). Au cours de cette observation, les activités cérébrales étaient mesurées par IRM. Quelques semaines plus tard, les mêmes personnes ont été questionnées sur les photos qu'elles avaient vues et les réponses des femmes ont été meilleures que celles des hommes de 15 %.

JEU D'OBSERVATION

Jeu n° 6 : ÉCHEC ET MAT !

Nombre de points à gagner :

____

5

Observez attentivement les figures ci-dessous pendant 30 secondes et mémorisez le maximum d'éléments (valeurs, positions, etc.).
Tournez ensuite la page pour répondre aux questions qui vous sont posées.

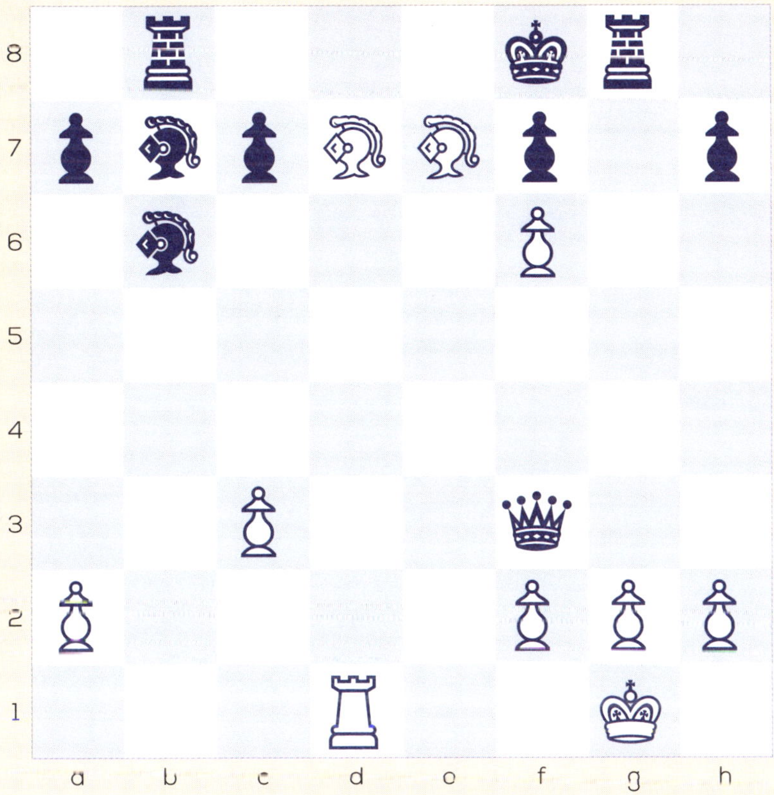

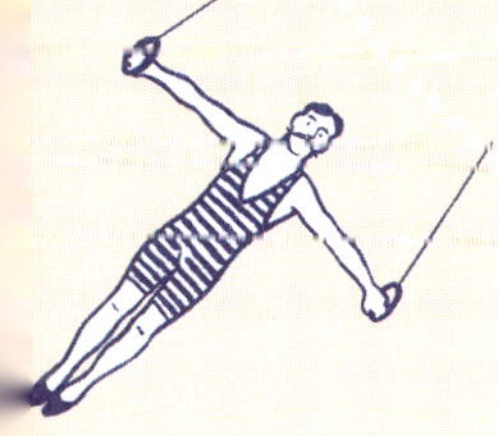

Le poisson à la rescousse

Nos mamans et nos mamies nous l'ont certainement suffisamment répété pour que l'on s'en souvienne, le poisson, c'est bon pour la mémoire. Alors, info ou intox ? Le lien entre le phosphore que contient le poisson et l'amélioration de la mémoire n'a jamais été prouvé. Cependant, une nourriture saine et équilibrée (ce qui comprend le poisson) est bénéfique pour le cerveau et donc forcément un peu pour la mémoire.

Questions du jeu n° 6 :
ÉCHEC ET MAT !

**Voilà ! Votre temps d'observation est écoulé…
C'est à vous de jouer !**

Un point par bonne réponse

1. Qui a le plus de pièces ?
a. le joueur qui possède les pions blancs
b. le joueur qui possède les pions noirs
c. ils en ont le même nombre

2. Est-ce que le joueur blanc a encore son ou ses fous  ?
a. oui, un b. oui, deux c. non

3. Combien y a-t-il de pièces sur les lignes 4 et 5 ?
a. aucune b. 1 c. 2

4. Où se trouve la case a1 ?
a. en haut à gauche b. en bas à gauche

5. La première et la dernière colonne portent exactement les mêmes pièces ?
a. vrai b. faux

JEU DE LANGAGE

Jeu n° 7 : JACQUES A DIT

Nombre de points à gagner :

3

Un point de moins par erreur

Voici trois citations très célèbres. Parmi tous les personnages proposés, retrouvez lesquels ont prononcé ces phrases.

Malheur aux vaincus !
Il faut rendre à César ce qui appartient à César.
L'argent n'a pas d'odeur.

Molière

Ponce Pilate

Danton

Néron

Clovis

Jules César

Jésus-Christ

Louis XIV

Napoléon Ier

Vespasien

Sully

Brennus

Socrate

Jeu n° 8 : DES PETITS TROUS DE MÉMOIRE

OH !!?

JEU DE LANGAGE

Nombre de points à gagner :

3

Un point de moins par erreur

Toutes les voyelles de la phrase ci-dessous ont disparu. Remettez-les en place pour reconstituer cette citation.

___z l'_bl_g__nc_ d_ m_ d_nn_r
l_ m__n p__r m_nt_r,
c_r p__r d_sc_ndr_,
j_ m_ d_br___ll_r__
b__n t__t s__l!

Trois mémoires dans une seule tête !

Les scientifiques distinguent plusieurs types de mémoire : la mémoire à court terme, la mémoire de travail et la mémoire à long terme. Les deux premières mémoires (à court terme et de travail) sont des mémoires de courte durée. Il s'agira par exemple du souvenir de la dernière phrase entendue au cours d'une conversation, d'un nom de rue déchiffré lors d'une promenade ou bien encore d'un air entendu à la radio. On estime sa durée à environ 1 minute. La mémoire de travail est encore plus courte, quelques secondes, et est utilisée par exemple pour recopier un code un peu compliqué. Enfin, la mémoire à long terme emmagasine les souvenirs remontant aussi loin que l'on puisse remonter dans son enfance…

SOLUTIONS du 1er parcours

ÉCHAUFFEMENT

Jeu n° 1 : SUR UN AIR DE RÉCITATION

À vous d'évaluer si vous n'avez rien oublié !

Pour calculer votre score : 3 points au total, avec 1 point de moins par erreur.

Jeu n° 2 : CLAP ! CARTES EN VRAC !

1. a. la Dame de Pique **2.** b. cinq **3.** c. deux

4. Au choix : l'As, le 3, le 6 et le 7 **5.** a. aucun

Pour calculer votre score : 5 points au total, avec 1 point par bonne réponse.

MUSCULATION

Jeu n° 3 : BRICOLAGE EN PAGAILLE

1. C. Fermer l'eau

2. B. Évacuer toute l'eau en ouvrant le robinet

3. E. Ôter la pastille bleue sur le dessus du robinet

4. A. Dévisser la grosse vis que la pastille cachait et qui permet de défaire la tête du robinet

5. J. Retirer le joint usé

6. D. Nettoyer le calcaire

7. I. Replacer le nouveau joint

8. G. Replacer la tête de robinet

9. K. Revisser la grosse vis

10. H. Replacer le cache de la pastille bleue

11. F. Refermer le robinet

12. L. Rouvrir l'eau

Pour calculer votre score : 5 points au total, avec 1 point de moins par erreur.

Jeu n° 4 : CARREAUX PAR CŒUR

À vous d'évaluer si vous n'avez rien oublié !

Pour calculer votre score : 3 points au total, avec 1 point de moins par erreur.

Jeu n° 5 : CLAP ! NOMBRES EN VRAC !

1. c. 21 **2.** c. 33 **3.** a. oui

4. b. 3 **5.** b. faux

Pour calculer votre score : 5 points au total, avec 1 point par bonne réponse.

Jeu n° 6 : ÉCHEC ET MAT !

1. c. le même nombre **2.** b. deux **3.** a. aucune

4. b. en bas à gauche **5.** a. vrai

Pour calculer votre score : 5 points au total, avec 1 point par bonne réponse.

Jeu n° 7 : JACQUES A DIT

« Malheur aux vaincus ! » : Brennus.

« Il faut rendre à César ce qui appartient à César » : Jésus-Christ.

« L'argent n'a pas d'odeur » : Vespasien.

Pour calculer votre score : 3 points au total, avec 1 point de moins par erreur.

DÉTENTE

Jeu n° 8 : DES PETITS TROUS DE MÉMOIRE

« Ayez l'obligeance de me donner la main pour monter,
car pour descendre, je me débrouillerai bien tout seul ! »
(Thomas More, montant à l'échafaud)

Pour calculer votre score : 3 points au total, avec 1 point de moins par erreur.

VOTRE SCORE
du 1er parcours

Vous êtes arrivé au terme du premier parcours.
Vous pouvez désormais calculer votre score !

JEUX	COMMENT CALCULER VOTRE SCORE ?	VOTRE SCORE
SUR UN AIR DE RÉCITATION	3 points au total, avec 1 point de moins par erreur	
CLAP ! CARTES EN VRAC !	5 points au total, avec 1 point par bonne réponse	
BRICOLAGE EN PAGAILLE	5 points au total, avec 1 point de moins par erreur	
CARREAUX PAR CŒUR	3 points au total, avec 1 point de moins par erreur	
CLAP ! NOMBRES EN VRAC !	5 points au total, avec 1 point par bonne réponse	
ÉCHEC ET MAT !	5 points au total, avec 1 point par bonne réponse	
JACQUES A DIT	3 points au total, avec 1 point de moins par erreur	
DES PETITS TROUS DE MÉMOIRE	3 points au total, avec 1 point de moins par erreur	
	TOTAL SUR 32 POINTS	

Entre 0 et 7 points : Ce n'est que le premier parcours ! Il ne faut pas désespérer. La suite du cahier est là pour vous faire faire des progrès tranquillement.
Entre 8 et 16 points : Vos résultats sont moyens, mais c'est déjà une bonne base de départ. Avec un peu plus de concentration, vous pouvez vous améliorer.
Entre 17 et 24 points : Vous entrez dans la catégorie des « bonnes mémoires ». Nos petits jeux vont titiller vos neurones et vous inviter à parfaire encore vos performances.
Au-delà de 25 points : Vous affichez déjà de remarquables résultats. Vous pouvez tenter de nouveaux challenges, en vous chronométrant par exemple…

2e parcours
OUI, ENCORE !

Eh oui ! Vous voilà déjà à la deuxième étape de ce parcours « mémoire » ! Vous allez retrouver ici certains jeux que vous avez déjà abordés dans le premier parcours, mais déclinés sous une forme un petit peu différente : vous allez voir, vous devriez rapidement faire des progrès ! Quelques nouveautés vont stimuler votre intellect et vous demander une autre tournure d'esprit : alors, abordez-les avec confiance. On se retrouve à la fin du parcours pour évaluer votre progression... 1, 2, 3, top !... Partez !

Jeu n° 1 :
DES PETITS TROUS DE MÉMOIRE

JEU DE MÉMOIRE

Nombre de points à gagner :

2

Un point de moins par erreur

Toutes les voyelles de la phrase ci-dessous ont disparu. Remettez-les en place pour reconstituer cette citation.

C' _st _n p_t_t p_s p__r l' h_mm_,

m__s _n b_nd d_ g__nt

p__r l' h_m_n_t_!

Souviens-toi du vase de Soissons !

L'histoire de notre civilisation est implicitement liée à la mémoire. On parle ainsi de « mémoire collective », de « devoir de mémoire » ou bien encore de « Mémorial ». Quelques anecdotes directement liées à la mémoire sont également particulièrement « mémorables », comme celle du vase de Soissons. Cette légende raconte que le roi Clovis aurait, au cours d'un passage en revue de ses troupes, rappelé à l'un de ses soldats qu'il avait volontairement cassé un vase qui était destiné au souverain. La sentence fut immédiate et le soldat en question eut la tête fracassée à coups de hache, par Clovis lui-même, qui prononça alors la fameuse phrase : « Souviens-toi du vase de Soissons ! ». Depuis, cette expression a été reprise dans le langage courant pour exprimer que l'on peut encore tenir rigueur à une personne d'un événement particulier, même des années plus tard…

Jeu n° 2 :
CLAP ! CARTES EN VRAC !

JEU D'OBSERVATION

Nombre de points à gagner :

5

Observez attentivement les cartes ci-dessous pendant 30 secondes et mémorisez le maximum d'éléments (valeurs, couleurs, positions, etc.). Cachez les cartes et passez ensuite à la page suivante pour répondre aux questions qui vous sont posées.

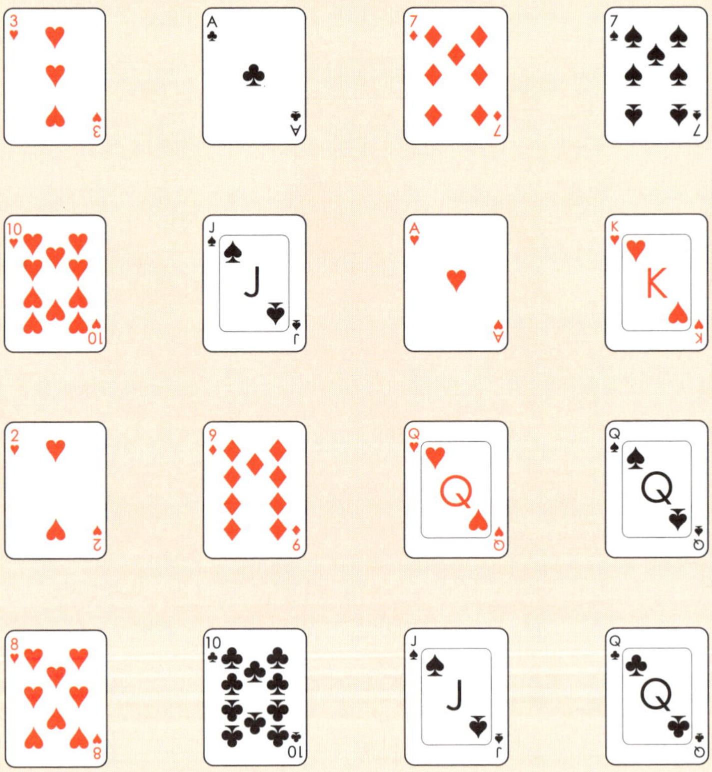

Mais où est donc Ornicar ?

Nous nous souvenons tous de la petite technique mnémotechnique pour nous rappeler de la liste des conjonctions de coordination : Mais Où Et Donc Or Ni Car. Cette fameuse petite phrase a même été utilisée pour un film sorti en 1979, dans lequel on pouvait retrouver les actrices Brigitte Fossey et Géraldine Chaplin.

Questions du jeu n° 2 :

CLAP ! CARTES EN VRAC !

Un point par bonne réponse

Voilà ! Votre temps d'observation est écoulé… C'est à vous de jouer !

1. Le 3 ♠ est-il présent parmi les cartes de la page précédente ?
a. oui b. non

2. Y a-t-il plus de cartes… ?
a. rouges b. noires c. autant des deux

3. Peut-on faire un brelan (3 cartes semblables) ?
a. oui b. non

4. De combien de cartes se compose la plus longue suite que l'on peut réaliser ?
a. 5 cartes b. 7 cartes c. 8 cartes

5. Quelle est la couleur la plus présente ?
a. ♣ b. ♦ c. ♥ d. ♠

Jeu n° 3 :

NOM DE NOM

JEU DE LANGAGE

Nombre de points à gagner :

5

Un point par bonne réponse

À l'aide des indices ci-dessous, pouvez-vous retrouver quelques Catherine qui ont rendu leur prénom célèbre ?

1. Elle est la Rockeuse de diamant.

2. Elle a été récompensée par un César pour son rôle dans *Un Air de famille*.

3. Elle a incarné Peau d'âne au cinéma.

4. Elle fut la première femme à gravir la face nord de l'Eiger en 1992.

5. Elle a donné naissance à trois rois de France.

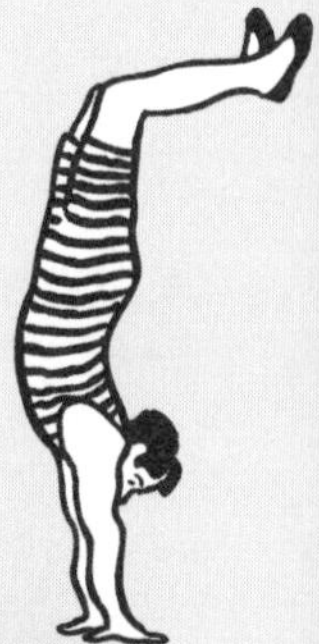

La mémoire absolue existe-t-elle ?

On évoque régulièrement des personnes dotées de ce qu'on peut appeler une mémoire prodigieuse ou absolue, qui sont capables, de mémoire, de restituer le dessin d'un monument aussi complexe qu'une cathédrale en ne l'ayant observé que quelques instants ou de rejouer un morceau savant de musique après une seule écoute. Il ne faut pas confondre l'hypermnésie, pathologie qui fait que la personne enregistre tout sans aucun tri, et les mémoires spécialisées que chacun développe dans son métier (le médecin, avec les noms des maladies et des médicaments, par exemple, ou l'acteur qui retient le texte d'une pièce de théâtre entière) ou dans ses loisirs (le collectionneur qui peut réciter la liste de ses possessions ou le fan qui a retenu les paroles de toutes les chansons de son idole). Il n'empêche que certaines de ces mémoires spécialisées entraînent l'hyperactivité et le développement de certaines régions du cerveau.

JEU DE MÉMOIRE

Jeu n° 4 : À MAIN LEVÉE

Nombre de points à gagner :

3

Un point de moins par erreur

Regardez attentivement les figures ci-dessous et mémorisez les parties grisées. Essayez ensuite de les reproduire de mémoire en cachant l'original…

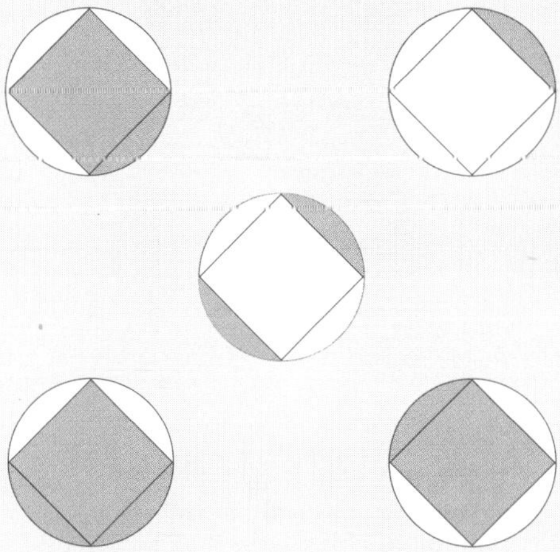

À votre tour !

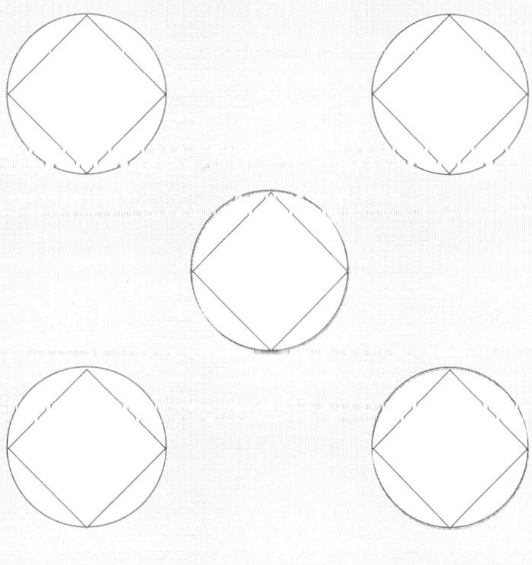

ÉCHAUFFEMENT **MUSCULATION** DÉTENTE

Les records

Le livre *Guinness des records* est dû à l'origine à deux jumeaux, Norris et Ross McWhirter, qui étaient dotés d'une mémoire prodigieuse et connaissaient pratiquement leur livre par cœur. Dans cet ouvrage, on voit certains records à battre : en 2006 – mais le record n'est pas encore homologué – Akira Haraguchi, originaire du Japon, a récité de mémoire pendant plus de 16 heures les 100 000 premières décimales du nombre π. Et en 1994, Tom Groves a mémorisé dans l'ordre toutes les cartes d'un jeu de 52, le tout en 42 secondes. Entraînez-vous !

Jeu n° 5 :
MOT POUR MOT

JEU D'OBSERVATION

Nombre de points à gagner :

5

Voici une liste de mots. Mémorisez-la et répondez aux questions de la page suivante.

Carottes	Navet	Oignon
Poivron	Courgette	Céleri
Haricot	Tomates	Chou
Maïs	Concombre	Asperge

Questions du jeu n° 5 :
MOT POUR MOT

Un point par bonne réponse

Voilà ! Maintenant, à vous de jouer !

1. Le mot Salade est-il dans la liste ?
a. oui b. non

2. Combien de mots sont au pluriel ?
a. aucun b. 1 c. 2

3. Combien y a-t-il de mots commençant par la lettre C ?
a. 3 b. 4 c. 5

4. Combien de lettres a le plus long mot ?
a. 7 b. 8 c. 9

5. Quel est le mot directement au-dessus de Maïs ?
a. Poivron b. Haricot c. Céleri

Un « moteur » à quatre temps

La mémorisation se décompose en quatre phases essentielles et distinctes. La première est l'apprentissage qui se déroule en moins d'une seconde et ce, quel que soit le type d'élément. C'est ensuite au tour de la mémoire immédiate de prendre le relais en imprimant une trace sensorielle de l'événement. Troisième phase, le stockage des données, leur codage et leur association éventuelle avec des éléments déjà mémorisés. Vient enfin la quatrième et dernière phase, celle du rappel mnésique qui consiste précisément à utiliser des informations par le biais d'une évocation (verbale ou mentale) ou bien d'une reconnaissance en revivant l'événement par exemple.

Jeu n° 6 :

GRAND CHELEM

JEU D'OBSERVATION

Nombre de points à gagner :

5

**Observez attentivement ces trois plis de bridge.
Répondez ensuite aux questions de la page suivante…**

Pli n° 1 :

« Nord » remporte le pli avec l'As

Pli n° 2 :

« Est » coupe à carreau et remporte le pli

Pli n° 3 :

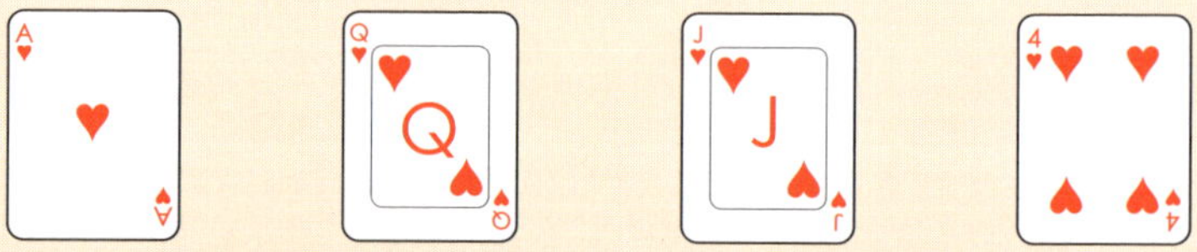

« Est » remporte le pli et marque 7 points

Mémoire interdite...

Certains jeux de casino (comme le Black Jack) n'apprécient pas du tout que les joueurs comptent les cartes. Cette méthode, qui peut cependant ne pas être décelée (à condition de rester parfaitement mentale et naturellement sans aucune note), permet d'estimer le nombre d'As et de 10 restant dans le sabot et d'adapter son jeu et ses mises en conséquence. Tout reste cependant lié aux probabilités.

Questions du jeu n° 6 :

GRAND CHELEM

Un point par bonne réponse

À vous de jouer !

1. Avec quelle carte le pli n° 2 a-t-il été remporté ?

a. 

b. 

c. 

d. 

2. Lequel de ces quatre joueurs a remporté le plus de plis ?

a. « Nord » b. « Sud » c. « Est » d. « Ouest »

3. Les quatre couleurs du jeu de cartes ont-elles été jouées lors de ces trois plis ?

a. oui b. non

4. Combien de 10 ont été joués au cours de ces trois plis ?

a. aucun b. un c. deux d. trois

5. Quel joueur possède l'As de Cœur ?

a. « Nord » b. « Sud » c. « Est » d. « Ouest »

Jeu n° 7 : ÉCHEC ET MAT !

JEU D'OBSERVATION

Nombre de points à gagner :

5

Observez attentivement les figures ci-dessous pendant 30 secondes et mémorisez le maximum d'éléments (valeurs, positions, etc.). Cachez la grille puis passez ensuite à la page suivante pour répondre aux questions qui vous sont posées.

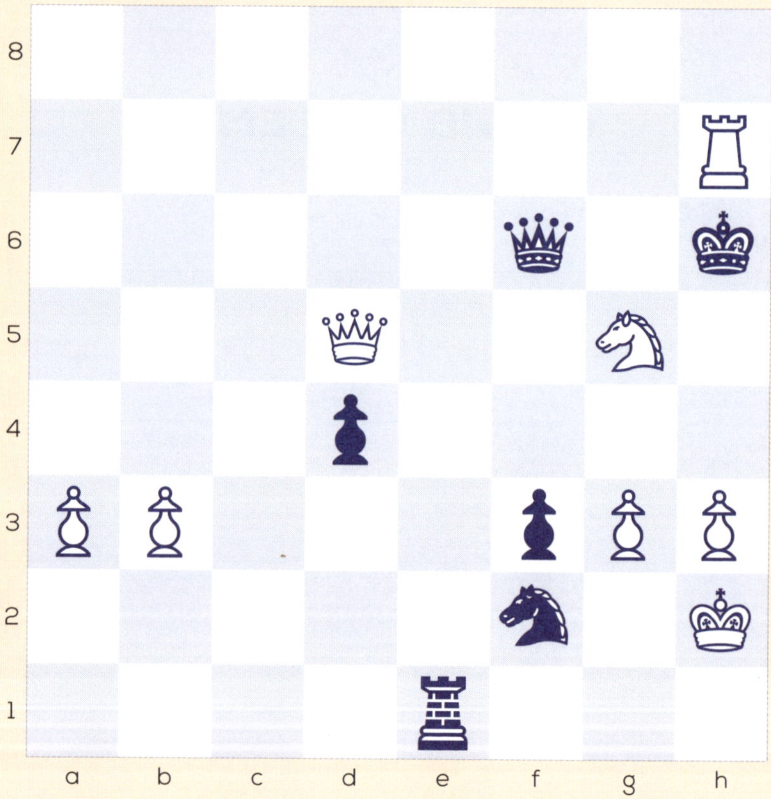

Questions du jeu n° 7 :

ÉCHEC ET MAT !

Voilà ! Votre temps d'observation est écoulé... C'est à vous de jouer !

Un point par bonne réponse

1. Qui a encore le plus de pièces ?
a. les blancs b. les noirs c. ils en ont le même nombre

2. Sur les 4 fous, combien restent encore en jeu ?
a. un b. deux c. trois d. quatre e. aucun

3. La colonne d est vide...
a. vrai b. faux

4. Quel est le quart du plateau le plus occupé ?
a. en haut à gauche b. en bas à gauche
c. en haut à droite d. en bas à droite

5. Le joueur noir a un cavalier de plus que le joueur blanc...
a. vrai b. faux

La mémoire de la vie

La meilleure mémoire des femmes serait en partie expliquée par le fait qu'elles ont une meilleure mémoire autobiographique que les hommes. Elles se souviennent mieux des événements qui les touchent ou les concernent directement. Selon la même étude, cela expliquerait pourquoi les femmes sont plus facilement et plus souvent touchées par la dépression que les hommes.

Mnémotechnie, mémorisation, etc.

Non, la mnémotechnie n'est pas un gros mot. Il s'agit d'une « science » regroupant les différentes méthodes permettant de mémoriser de plus ou moins grandes quantités d'informations, plus rapidement et/ou facilement que la normale. Cela peut aller de simples petits trucs et astuces visuels à des méthodes plus complexes, permettant par exemple de retrouver en quelques secondes le jour de la semaine correspondant à n'importe quelle date. Autre truc, pour retenir une liste de mots, d'objets ou de cartes, les placer mentalement dans un contexte visuel. Cela suppose naturellement que l'on dispose d'une excellente mémoire visuelle.

Jeu n° 8 :

J'AI LA MÉMOIRE QUI FLANCHE…

JEU DE MÉMOIRE

Nombre de points à gagner :

2

Parce que la mémoire n'est pas seulement une faculté abstraite qui pourrait être exercée seulement lors d'exercices compliqués, nous vous proposons aussi de travailler votre mémoire au quotidien en répondant à cette question.

Quel était le menu de votre dîner de samedi dernier ?

SOLUTIONS du 2e parcours

ÉCHAUFFEMENT

Jeu n° 1 : DES PETITS TROUS DE MÉMOIRE

« C'est un petit pas pour l'homme, mais un bond de géant pour l'humanité ! » (Neil Armstrong, posant le pied sur la Lune)

Pour calculer votre score : 2 points au total, avec 1 point de moins par erreur.

Jeu n° 2 : CLAP ! CARTES EN VRAC !

1. b. non
2. a. rouges
3. a. oui, un brelan de Dames
4. c. 8 cartes : 7-8-9-10-V-D-R-As
5. c. ♥, avec 7 cartes sur 16

Pour calculer votre score : 5 points au total, avec 1 point par bonne réponse.

MUSCULATION

Jeu n° 3 : NOM DE NOM

1. Catherine Lara
2. Catherine Frot
3. Catherine Deneuve
4. Catherine Destivelle
5. Catherine de Médicis

Pour calculer votre score : 5 points au total, avec 1 point par bonne réponse.

Jeu n° 4 : À MAIN LEVÉE

À vous d'évaluer si vous ne vous êtes pas trompé !

Pour calculer votre score : 3 point au total, avec 1 point de moins par erreur.

Jeu n° 5 : MOT POUR MOT

1. b. non

2. c. 2 : Carottes et Tomates

3. c. 5

4. c. 9 lettres : Courgette et Concombre

5. b. Haricot

Pour calculer votre score : 5 points au total, avec 1 point par bonne réponse.

Jeu n° 6 : GRAND CHELEM

1. c. 7 de Carreau

2. c. « Est »

3. b. non

4. b. un

5. c. « Est »

Pour calculer votre score : 5 points au total, avec 1 point par bonne réponse.

Jeu n° 7 : ÉCHEC ET MAT !

1. a. les blancs

2. e. aucun

3. b. faux, c'est la c

4. d. en bas à droite

5. b. faux : ils en ont chacun un

Pour calculer votre score : 5 points au total, avec 1 point par bonne réponse.

DÉTENTE

Jeu n° 8 : J'AI LA MÉMOIRE QUI FLANCHE...

À vous de vous autoévaluer !

Pour calculer votre score : 2 points au total; vous êtes juge de votre performance !

VOTRE SCORE
du 2e parcours

Vous êtes arrivé au terme du deuxième parcours.
Vous pouvez désormais calculer votre score !

JEUX	COMMENT CALCULER VOTRE SCORE ?	VOTRE SCORE
DES PETITS TROUS DE MÉMOIRE	2 points au total, avec 1 point de moins par erreur	
CLAP ! CARTES EN VRAC !	5 points au total, avec 1 point par bonne réponse	
NOM DE NOM	5 points au total, avec 1 point par bonne réponse	
À MAIN LEVÉE	3 points au total, avec 1 point de moins par erreur	
MOT POUR MOT	5 points au total, avec 1 point par bonne réponse	
GRAND CHELEM	5 points au total, avec 1 point par bonne réponse	
ÉCHEC ET MAT !	5 points au total, avec 1 point par bonne réponse	
J'AI LA MÉMOIRE QUI FLANCHE...	2 points : vous êtes juge de votre performance !	
	TOTAL SUR 32 POINTS	

Entre 0 et 7 points : Prenez peut-être davantage de temps pour observer les jeux avant de répondre aux questions. Vous réduirez ce temps ultérieurement quand vous serez plus à l'aise.
Entre 8 et 16 points : C'est une bonne moyenne. Il faut encore faire des efforts d'attention. Courage !
Entre 17 et 24 points : Regardez ce qui vous fait perdre quelques points et concentrez-vous sur ce type d'exercice. Vous gagnerez énormément en progrès.
Au-delà de 25 points : Vous avez une mémoire d'éléphant... rien à dire ! Vous êtes épatant !

3e parcours
ON CONTINUE !

Ouf ! Déjà deux parcours de réalisés !
Paré pour vous entraîner crescendo ?
Dans ce troisième parcours « mémoire »,
vous allez solliciter encore plus vos aptitudes.
Certains jeux vont vous aider à travailler
vos capacités d'observation qui sont
le préalable à toute amélioration des facultés
de mémorisation. Bref, prenez place au sein
du troisième parcours, un parcours varié
pour vous tester plus largement encore !

Nombre de points à gagner :

3

Un point de moins par erreur

Jeu n° 1 :
DES PETITS TROUS DE MÉMOIRE

JEU DE MÉMOIRE

Toutes les voyelles de la phrase ci-dessous ont disparu. Remettez-les en place pour reconstituer cette citation.

L_ v_r_t_ _st _n m_rch_

_t r__n n_ l'_rr_t_r_ !

Le prodige Veniamin

Durant trente ans, un homme prodigieux a été suivi par les scientifiques d'un Institut de psychologie en Russie, il s'agit de Solomon Veniaminovitch, appelé plus simplement Veniamin. C'est parce que son patron, dans le journal où il travaillait comme reporter, était stupéfait de ne le voir jamais prendre de notes que ce Veniamin a fait l'objet d'une étude poussée. On s'aperçoit alors qu'il mémorise tout et de manière extrêmement durable. Il a développé une méthode pour servir de support à sa mémoire : la rue où il vivait dans son enfance lui sert de point de repère et quand il doit mémoriser quelque chose, il place chaque élément par l'imagination à certains endroits de cette rue. C'est une méthode que l'on pratiquait déjà dans l'Antiquité. Cet homme a finalement monté un numéro de music-hall. Mais les études ont montré qu'il ne s'agissait pas seulement de « trucs » mnémotechniques, mais que Veniamin était ce que l'on appelle « synesthète », c'est-à-dire que chaque élément d'un souvenir se projette chez lui en autant d'impressions de tous les sens. Par exemple, en entendant parler l'un des scientifiques, il lui dira : « Vous avez la voix jaune et friable. » Ou encore à quelqu'un qui lui demandait s'il retrouverait son chemin, il répondit : « Comment pourrais je me perdre ? Ce mur a un goût tellement salé, il est si rugueux et il produit un son si strident ! »…

Jeu n° 2 :
CLAP ! NOMBRES EN VRAC !

JEU D'OBSERVATION

Nombre de points à gagner :

5

Observez attentivement les nombres ci-dessous pendant 30 secondes et mémorisez le maximum d'éléments (valeurs, positions, etc.). Cachez la grille puis passez à la page suivante pour répondre aux questions qui vous sont posées.

17	72	43	89
55	33	76	26
81	13	6	65
32	4	18	22

La mémoire à préserver chimiquement…

On connaît l'influence que peuvent avoir les nutriments et celle de leur carence éventuelle sur notre cerveau. Il en va naturellement de même pour la mémoire qui peut être gravement endommagée par certains médicaments tels que les antidépresseurs, les somnifères et autres calmants.

Questions du jeu n° 2 :

CLAP ! NOMBRES EN VRAC !

Un point par bonne réponse

Voilà ! Votre temps d'observation est écoulé… C'est à vous de jouer !

1. Le nombre 35 est-il présent dans la série de la page précédente ?
a. oui b. non

2. Y a-t-il plus de nombres… ?
a. pairs b. impairs c. autant des deux

3. Combien y a-t-il de multiples de 5 ?
a. 2 b. 3 c. 4

4. Quel est le nombre en haut à droite du tableau ?
a. 22 b. 89 c. 13

5. Quelle est la somme des deux premiers nombres de la ligne du bas ?
a. 34 b. 36 c. 48

Jeu n° 3 :
LE CHAMP DES SIGNES

Nombre de points à gagner :

5

Observez attentivement les symboles ci-dessous pendant 30 secondes et mémorisez le maximum d'éléments (chiffre, positions, etc.). Cachez les symboles puis passez à la page suivante pour répondre aux questions qui vous sont posées.

♦	©		9
$	♣	⊗	⍓
∞			♪
🍽	$		

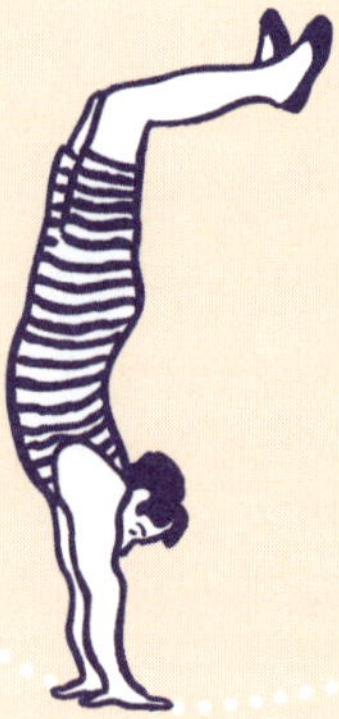

Attention au stress

Des effets néfastes sur la mémoire à court terme ont été relevés, provenant directement d'un état de stress intense et inscrit dans la durée. On explique cet état de fait par une production excessive de glucocorticoïdes qui mènerait à des lésions importantes de l'hippocampe, une partie du cerveau essentielle à l'organisation des souvenirs. On note par exemple que, chez certains vétérans de guerre ou bien chez des sujets grands dépressifs, l'hippocampe est plus petit que la moyenne.

Paul Morphy, prodige et folie

Paul Murphy est un joueur d'échecs américain de la fin du XIXe siècle qui a d'abord appris tout seul le jeu en regardant son père et son oncle jouer et qui maîtrise parfaitement les règles dès son plus jeune âge. À douze ans, il est en mesure de battre les meilleurs joueurs, tout en jouant à une vitesse étonnante : l'une de ses spécialités était le jeu à l'aveugle. Il était doté d'une extraordinaire mémoire, capable de réciter par cœur le Code civil de Louisiane au terme de ses études de droit. Mais après une carrière de joueur professionnel fulgurante d'à peine deux ans, le prodige finira sa vie dans la folie, animé par un délire de persécution et une forte paranoïa…

Questions du jeu n° 3 :

LE CHAMP DES SIGNES

Un point par bonne réponse

Voilà ! Votre temps d'observation est écoulé… C'est à vous de jouer !

1. Un seul chiffre figure sur la page précédente, lequel ?
a. 9 b. 0 c. 6

2. Deux symboles de cartes à jouer figurent…
a. ♠ ♣ b. ♣ ♥ c. ♥ ♦ d. ♦ ♣

3. Dans quelle colonne se situe la note de musique ?
a. la première b. la deuxième
c. la troisième d. la quatrième

4. Il n'y a jamais plus de 3 symboles par ligne ?
a. vrai b. faux

5. Un symbole revient deux fois, lequel ?
a. ♀ b. $ c. ©

Nombre de points à gagner :

4

Jeu n° 4 :

À MAIN LEVÉE

JEU DE MÉMOIRE

Regardez attentivement la figure ci-dessous pendant 30 secondes. Essayez ensuite de la reproduire de mémoire, en cachant l'original...

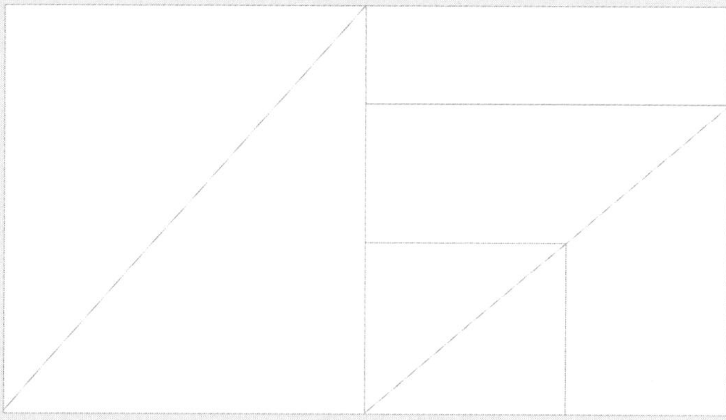

Maintenant, lancez-vous ! C'est à vous de jouer !

Nombre de points à gagner :

5

En 30 secondes : 5 points

ou

Nombre de points à gagner :

3

En 1 minute : 3 points

Jeu n° 5 : À L'AVEUGLETTE

JEU D'OBSERVATION

Comparez attentivement ces deux listes : un mot a été remplacé, savez-vous trouver lequel ?
Attention, chronométrez-vous : votre score dépend de votre temps (moins de 30 secondes ou moins de 1 minute) !

Sucre
Soupe
Fourchette
Huile
Dessert
Riz
Radis
Serviette
Tiramisu
Nappe
Sauce
Vin
Entrée
Crêpes
Poisson
Glace
Plat
Asperges
Dinde
Huître
Appétit
Menu
Caramel
Confit
Pâté
Citron
Ail
Verre
Sel
Pain

Nappe
Entrée
Crêpes
Menu
Poisson
Appétit
Plat
Serviette
Glace
Soupe
Vin
Huile
Courge
Pâté
Citron
Radis
Tiramisu
Riz
Dessert
Pain
Asperges
Fourchette
Huître
Sel
Caramel
Confit
Sucre
Verre
Dinde
Ail

JEU DE MÉMOIRE

Jeu n° 6 :
LE TEMPS QU'IL FAIT

Nombre de points à gagner :

5

Observez attentivement la carte météo ci-dessous. Prenez le temps de mémoriser le maximum d'éléments. Cachez la carte puis passez à la page suivante pour répondre aux questions qui vous sont posées.

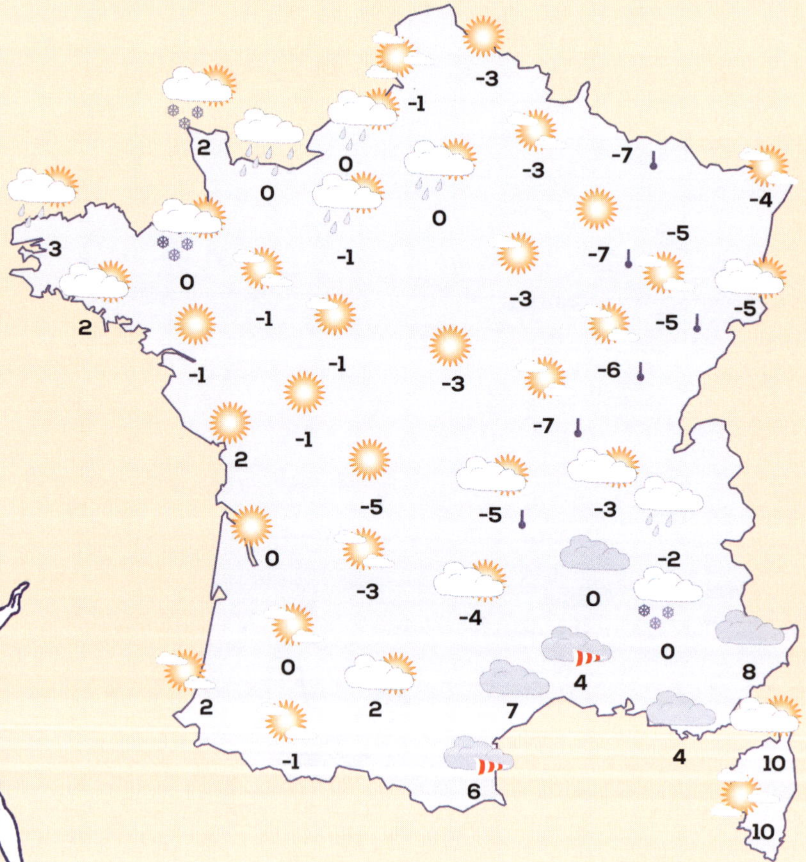

Pour les longues listes

Si, pour une raison ou une autre, vous devez apprendre rapidement et par cœur une liste de plusieurs mots, nous vous conseillons de procéder en isolant la première syllabe ou la première lettre (c'est un peu moins évocateur) de chacun des mots demandé dans la liste. Vous obtiendrez ainsi une liste de lettres ou de syllabes à partir de laquelle il vous sera normalement possible de retrouver les mots de départ. Par exemple : Ballon – Marguerite – Voiture – Chapeau – Manteau – Bouteille – Trousseau, pourrait donner : BALL-MAR-VOIT-CHAP-MANT-BOUT-TROUSS…

Questions du jeu n° 6 :

LE TEMPS QU'IL FAIT

Un point par bonne réponse

Voilà ! C'est à vous de jouer maintenant !

1. Quelle température fait-il à Brest ?
a. 1 b. 3 c. 7

2. Le temps est ensoleillé sur la côte méditerranéenne…
a. vrai b. faux

3. Combien y a-t-il de symboles de plein soleil sans nuages ?
a. 5 b. 6 c. 8

4. Une seule région atteint les 10° C, laquelle ?

5. À Bordeaux, malgré un très beau soleil, la température est restée à 0° C…
a. vrai b. faux

Jeu n° 7 :

LES DEUX FONT LA PAIRE

JEU DE LANGAGE

Nombre de points à gagner :

5

Un demi point par bonne réponse

Offrir des fleurs n'est pas toujours un acte anodin, surtout en amour ! Connaissez-vous le langage floral ? Voici un petit jeu d'association pour tester vos « connaissances sémantiques »...

Reliez par un trait chaque essence de fleur à sa signification symbolique.

Fleur	Signification
Amarante o	o Amour caché
Arum rouge o	o Amour éconduit
Bruyère o	o Désir
Camélia blanc o	o Amour naissant
Lilas blanc o	o Amour durable
Rose blanche o	o Infidélité
Rose jaune o	o Amour fort
Rose rouge o	o Amour pur
Tulipe o	o Passion
Violette o	o Amour sincère

Rien à faire !

Il n'existe malheureusement aucun médicament connu capable d'augmenter la capacité de mémorisation. Les seuls traitements qui existent permettent de limiter des dégénérescences ou bien d'agir sur des facteurs annexes tels que l'anxiété ou bien la dépression. Le seul moyen efficace d'exercer, voire d'améliorer ses capacités de mémorisation, est de s'entraîner en pratiquant une activité intellectuelle régulière (pratique d'un instrument de musique, lecture, écriture, réflexion, discussions, et… jeux !).

Des lettres qui en disent long

Lorsque vous prononcez les lettres de l'alphabet dans un certain ordre, vous pourrez remarquer que cela forme des mots. R I T (hériter), O Q P (occupé), L R S T (elle est restée), etc. Vous pouvez essayer de composer des phrases aussi longues que possible en utilisant les lettres de cette façon et en vous aidant de certains chiffres (1 pour un ou une, 2 pour de ou d'eux…). Bon courage et bonnes trouvailles…

Jeu n° 8 :
SUR UN AIR DE RÉCITATION

OH !!?

JEU DE LANGAGE

Nombre de points à gagner :

3

Un point de moins par erreur

Mémorisez ce court extrait des *Caractères* de La Bruyère (orthographe, ponctuation, etc.). Puis, cachez le texte original et restituez-le.

Il ne faut regarder dans ses amis que la seule vertu qui nous attache à eux, sans aucun examen de leur bonne ou de leur mauvaise fortune ; et quand on se sent capable de les suivre dans leur disgrâce, il faut les cultiver hardiment et avec confiance jusque dans leur plus grande prospérité.

Vous avez lu ce texte attentivement ? Alors, maintenant, c'est à vous !

SOLUTIONS du 3e parcours

ÉCHAUFFEMENT

Jeu n° 1 : DES PETITS TROUS DE MÉMOIRE

« La vérité est en marche et rien ne l'arrêtera ! » (Émile Zola)

Pour calculer votre score : 3 points au total, avec 1 point de moins par erreur.

Jeu n° 2 : CLAP ! NOMBRES EN VRAC !

1. b. non **2.** c. autant des deux **3.** a. 2 **4.** b. 89 **5.** b. 36

Pour calculer votre score : 5 points au total, avec 1 point par bonne réponse.

MUSCULATION

Jeu n° 3 : LE CHAMP DES SIGNES

1. a. 9 **2.** d. ♦ ♣ **3.** d. la quatrième

4. b. faux ; la deuxième ligne en a 4 **5.** b. $

Pour calculer votre score : 5 points au total, avec 1 point par bonne réponse.

Jeu n° 4 : À MAIN LEVÉE

À vous d'évaluer si vous ne vous êtes pas trompé !

Pour calculer votre score : 4 points pour la bonne réponse.

Jeu n° 5 : À L'AVEUGLETTE

Sauce a été remplacé par Courge.

Pour calculer votre score : si vous trouvez la solution en 30 secondes : 5 points / si vous trouvez la solution en 1 minute : 3 points.

Jeu n° 6 : LE TEMPS QU'IL FAIT

1. b. 3 **2.** b. faux **3.** c. 8 **4.** la Corse **5.** a. vrai

Pour calculer votre score : 5 points au total, avec 1 point par bonne réponse.

Jeu n° 7 : LES DEUX FONT LA PAIRE

Fleur	Signification
Amarante	Amour durable
Arum rouge	Désir
Bruyère	Amour fort
Camélia blanc	Amour éconduit
Lilas blanc	Amour naissant
Rose blanche	Amour pur
Rose jaune	Infidélité
Rose rouge	Passion
Tulipe	Amour sincère
Violette	Amour caché

Pour calculer votre score : 5 points au total, avec 1/2 point par bonne réponse.

DÉTENTE

Jeu n° 8 : SUR UN AIR DE RÉCITATION

À vous d'évaluer si vous n'avez rien oublié !

Pour calculer votre score : 3 points au total, avec 1 point de moins par erreur.

VOTRE SCORE
du 3e parcours

**Vous êtes arrivé au terme du troisième parcours.
Vous pouvez désormais calculer votre score !**

JEUX	COMMENT CALCULER VOTRE SCORE ?	VOTRE SCORE
DES PETITS TROUS DE MÉMOIRE	3 points au total, avec 1 point de moins par erreur	
CLAP ! NOMBRES EN VRAC !	5 points au total, avec 1 point par bonne réponse	
LE CHAMP DES SIGNES	5 points au total, avec 1 point par bonne réponse	
À MAIN LEVÉE	4 points pour la bonne réponse	
À L'AVEUGLETTE	en 30 secondes : 5 points / en 1 minute : 3 points	
LE TEMPS QU'IL FAIT	5 points au total, avec 1 point par bonne réponse	
LES DEUX FONT LA PAIRE	5 points au total, avec 1/2 point par bonne réponse	
SUR UN AIR DE RÉCITATION	3 points au total, avec 1 point de moins par erreur	
	TOTAL SUR 35 POINTS	

Entre 0 et 9 points : Dans ce troisième parcours, en plus de votre mémoire, on a fait appel à vos connaissances, à votre sens de l'observation. C'est peut-être sur ces aspects que vous devez travailler davantage.

Entre 10 et 19 points : Ce troisième parcours est plus polyvalent. Repérez les domaines où vous avez encore des difficultés.

Entre 20 et 29 points : Votre cerveau maîtrise les champs diversifiés de ce parcours. Vos points forts sont donc à cultiver.

Au-delà de 29 points : Vos capacités sont multiples et vos performances remarquables. Un vrai champion de la mémoire ! Chapeau bas !

4e parcours
ALLEZ, LE DERNIER !

Allez! Cette fois, pas question de flancher.
Vous êtes presque arrivé! Comme vous allez le voir, il y a au sein du quatrième parcours « mémoire » un peu plus de jeux autour des lettres et des mots... Normalement vous devriez mieux exploiter votre capacité de mémorisation. Plus les éléments ont de sens, moins ils sont abstraits et aléatoires : amusez-vous à les visualiser et donc à donner des atouts supplémentaires à votre mémoire. C'est le moment de débrider votre plus belle créativité! On y va?
OK, c'est parti!

JEU DE LANGAGE

Jeu n° 1
LE GRAND DÉSORDRE

Nombre de points à gagner :

3

Un point de moins par erreur

Pouvez-vous retrouver la date de naissance d'Isaac Newton ? En replaçant dans l'ordre chronologique les inventions ci-dessous, vous reconstituerez sa date de naissance. En effet, un chiffre a été associé à chaque invention.

Mais vous pouvez aussi, si vous la connaissez, partir de la date à trouver pour déduire l'ordre des inventions...

4 – Rasoir électrique
1 – Fer à repasser électrique
0 – Poudre
1 – Roulette de dentiste
3 – Caméscope
6 – Attache trombone
4 – Piano
0 – Tondeuse à gazon

Implicite ou explicite ?

La mémoire à long terme se subdivise en deux catégories de mémoire, implicite et explicite. La mémoire implicite est celle qui nous permet de nous rappeler comment faire pour nager, pratiquer un sport ou bien encore conduire notre voiture de manière réflexe. Elle est directement liée à un apprentissage, une acquisition mémorisée. La mémoire explicite se charge quant à elle de stocker les souvenirs. On y distingue encore deux autres sous-catégories, la mémoire sémantique (les oiseaux volent, la lune est visible de la Terre, les étoiles sont dans le ciel…) et la mémoire épisodique (le souvenir de ce que l'on a fait dans des circonstances données comme les vacances ou des événements particuliers…).

Une mémoire de… colibri !

Depuis l'étude de la revue *Current Biology*, on ne dira plus d'un homme doté d'une mémoire prodigieuse qu'il a une mémoire d'éléphant mais une mémoire de… colibri ! En effet, l'étude d'une scientifique écossaise a montré que les colibris roux du Canada, qui vivent dans les Rocheuses et qui ont pourtant un cerveau de la taille d'un grain de riz, sont dotés d'une mémoire épisodique dont on croyait que l'homme seulement avait l'apanage. Ainsi, ils sont capables non seulement de se souvenir de l'emplacement de fleurs artificielles que les chercheurs ont remplies de nutriments sucrés, mais ils peuvent aussi mémoriser les horaires des remplissages pour s'économiser et éviter les déplacements inutiles. C'est sans doute ce qui leur permet, malgré leur poids de 20 g, de parcourir dans leur migration près de 3 000 km pour aller jusqu'au Mexique.

Jeu n° 2 : MOT POUR MOT

JEU D'OBSERVATION

Nombre de points à gagner : ___ 5

Voici une liste de mots. Mémorisez-la et répondez ensuite aux questions de la page suivante.

Élections	Citoyen	Référendum
Bulletin	Vote	Assemblée
Majoritaire	Municipales	Scrutin
Ministre	Parlement	Urne

L'exploit de Mozart

Le *Miserere* de Gregorio Allegri était chanté dans la Chapelle Sixtine, une fois par an à Pâques, et le Vatican en avait interdit la transcription pour lui conserver tout son mystère. Or en 1769, Mozart, âgé de 14 ans, est venu à Rome avec son père et après avoir entendu le *Miserere* a pu en retranscrire de mémoire toute la partition qui fut ensuite publiée en Angleterre.

Questions du jeu n° 2 :

MOT POUR MOT

Un point par bonne réponse

Voilà ! Maintenant, c'est à vous de jouer !

1. Chassez l'intrus parmi ces mots : lequel n'est pas en orange ?
a. Vote b. Bulletin c. Ministre

2. Combien de mots sont au pluriel ?
a. aucun b. 1 c. 2

3. Combien y a-t-il de mots commençant par la lettre M ?
a. 3 b. 4 c. 5

4. Quelle ligne comprend les mots les plus longs (29 lettres en tout sur cette ligne) ?
a. ligne 1 b. ligne 2 c. ligne 3 d. ligne 4

5. Y a-t-il davantage de mots...
a. au féminin b. au masculin c. autant des deux

Jeu n° 3 : JACQUES A DIT

JEU DE LANGAGE

Nombre de points à gagner :

3

Un point de moins par erreur

Voici trois chansons très célèbres. Parmi tous les interprètes proposés, retrouvez leur premier interprète.

Je suis malade
J'ai un problème
Paris-Canaille

Georges Brassens
Dalida
France Gall
Jacques Brel
Georges Moustaki
Serge Lama
Léo Ferré
Édith Piaf
Sylvie Vartan
Yves Montand
Françoise Hardy
Michel Sardou
Barbara

La mémoire des musiciens

Chez les grands musiciens, on a pu observer que le gyrus angulaire de l'hémisphère droit de leur cerveau était plus développé que chez les autres hommes, mais souvent au détriment des régions voisines du cerveau. Tout est relatif…

JEU D'OBSERVATION

Jeu n° 4 :

CARREAUX PAR CŒUR

Nombre de points à gagner :

3

Un point de moins par erreur

Observez la grille ci-dessous pendant 1 minute. Tentez ensuite de la reproduire dans la grille prévue. Sans regarder l'original, bien entendu !

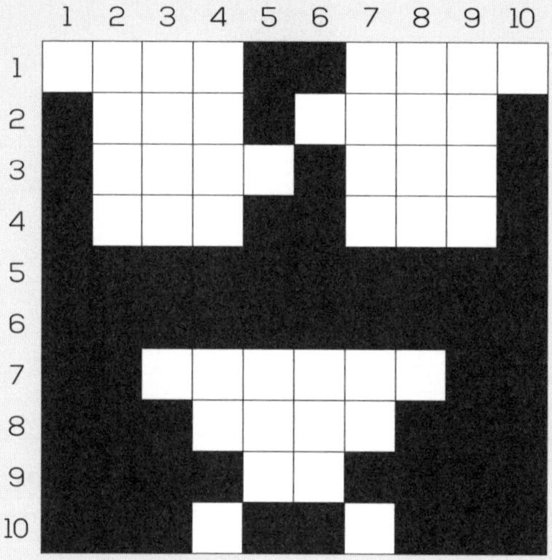

Maintenant, lancez-vous ! C'est à vous de jouer !

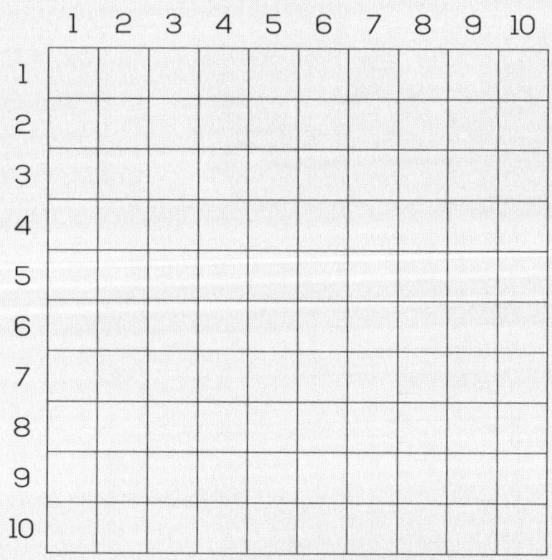

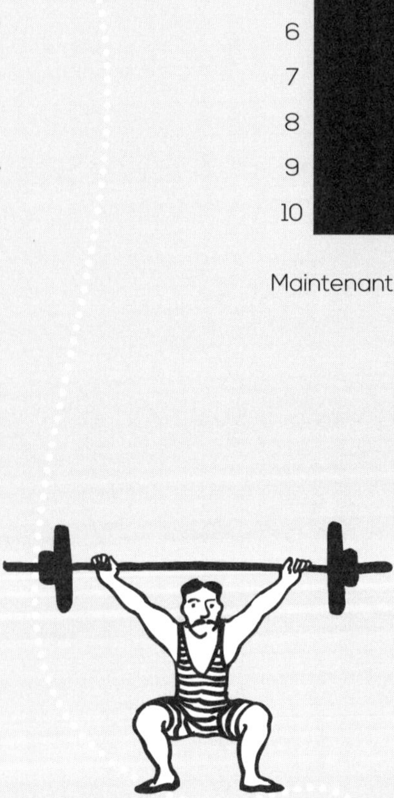

Jeu n° 5 :

CLAP ! CARTES EN VRAC !

JEU D'OBSERVATION

Nombre de points à gagner :

5

Observez attentivement les cartes ci-dessous pendant 30 secondes et mémorisez le maximum d'éléments (valeurs, couleurs, positions, etc.). Tournez ensuite la page pour répondre aux questions qui vous sont posées.

Borges et la mémoire

Dans l'une de ses nouvelles, Jorge Luis Borges a imaginé un personnage, Irénée Funès qui, à la suite d'une chute de cheval, ne peut plus bouger mais a acquis une mémoire infaillible. Cette nouvelle permet d'évoquer aussi les légendes de l'Antiquité en ce domaine : Cyrus, le roi de Perse, connaissait le nom de chacun des soldats de sa vaste armée, Mithridate pratiquait les 22 langues de son royaume… autant de prodiges plus ou moins vraisemblables.

Questions du jeu n° 5 :

CLAP ! CARTES EN VRAC !

Un point par bonne réponse

Voilà ! Votre temps d'observation est écoulé… C'est à vous de jouer !

1. Y a-t-il une paire de 3 dans la page précédente ?
a. oui b. non

2. Dans chaque colonne, il y a au moins une carte rouge…
a. vrai b. faux

3. Peut-on voir côte à côte un Valet et un 8 ?
a. oui b. non

4. Peut-on réaliser une suite de trois cartes de même couleur ?
a. non b. oui, 5♠, 6♠, 7♠ c. oui, Valet ♦, Dame ♦, Roi ♦

5. Quelle est la couleur la moins présente ?
a. ♣ b. ♦ c. ♥ d. ♠

JEU D'OBSERVATION

Jeu n° 6 :
ÉCHEC ET MAT !

Nombre de points à gagner :

5

Observez attentivement les figures ci-dessous pendant 30 secondes et mémorisez le maximum d'éléments (valeurs, positions, etc.). Tournez ensuite la page pour répondre aux questions qui vous sont posées.

Questions du jeu n° 6 :

ÉCHEC ET MAT !

Un point par bonne réponse

Voilà ! Votre temps d'observation est écoulé… C'est à vous de jouer !

1. Quelle est la pièce blanche la plus avancée dans le camp des noirs ?

a. un fou b. un cavalier

2. Est-ce qu'on peut voir ces 4 cases sur l'échiquier ?

a. oui b. non

3. Une pièce noire est isolée au milieu de pièces blanches est-ce…

a. la dame b. la tour c. le fou

4. Sur toutes les lignes, il y a au moins deux types de pièces différentes…

a. vrai b. faux

5. Combien y a-t-il de pions blancs sur l'échiquier ?

a. 6 b. 7 c. 8

Un circuit complexe

Les scientifiques ont déterminé et donné un nom (à coucher dehors !) au mécanisme de stockage et de codage de la mémoire. Il s'agit du circuit hippocampo-mamillo-thalamo-cingulaire. Rien que ça ! Si ce circuit vient à être endommagé, de graves troubles de la mémoire peuvent survenir.

Une mémoire troublée

Les troubles de la mémoire peuvent relever de différentes pathologies, plus ou moins graves, dues au vieillissement naturel de tout être humain, mais ils peuvent également dépendre de circonstances particulières telles que le manque de sommeil ou bien encore le stress. Dans tous les cas, il convient de consulter son médecin en cas de troubles aigus et/ou répétés.

JEU D'OBSERVATION

Jeu n° 7 :

À L'AVEUGLETTE

Nombre de points à gagner :

5

Comparez attentivement ces deux listes : un mot a été remplacé, savez-vous trouver lequel ? Attention, chronométrez-vous : votre score dépend de votre temps (moins de 30 secondes ou moins de 1 minute) !

Électricien
Plombier
Boucher
Policier
Tailleur
Pharmacien
Boulanger
Maçon
Zingueur
Mécanicien

Électricien
Plombier
Boucher
Policier
Pharmacien
Boulanger
Maçon
Zingueur
Avocat
Mécanicien

Jeu n° 8 :

DES PETITS TROUS DE MÉMOIRE

JEU DE LANGAGE

Nombre de points à gagner :

3

Un point de moins par erreur

Toutes les voyelles de la phrase ci-dessous ont disparu. Remettez-les en place pour reconstituer cette citation.

J_ m_ pr_ss_ d_ r_r_ d_ t_ _t,

d_ p_ _r d'_tr_ _bl_g_

d'_n pl_ _ r_r

Qu'est-ce que la mémoire sélective ?

Comme son nom le laisse deviner, la mémoire sélective consisterait en une aptitude qu'auraient certains individus à chasser de leur mémoire certains souvenirs particuliers. Il s'agirait, dans ce cas, d'une sorte de phénomène de refoulement mis en avant par Freud et qui relèverait d'une démarche parfaitement involontaire. Des chercheurs américains ont mené une expérience au cours de laquelle ils ont demandé à 32 personnes volontaires d'apprendre par cœur 50 paires de mots, sans liens apparents. Ils ont ensuite demandé aux individus de retrouver un des deux mots de la paire à partir du premier, puis d'essayer de le chasser de leur esprit. Ils ont constaté que certains mots avaient été oubliés par 16 personnes différentes et que c'étaient justement ces mêmes mots dont les individus avaient le plus de difficulté à se souvenir.

SOLUTIONS du 4e parcours

ÉCHAUFFEMENT

Jeu n° 1 : LE GRAND DÉSORDRE

04/01/1643

0 – Poudre (- 1000, en Chine)

4 – Piano (1711, Christofori)

0 – Tondeuse à gazon (1831, Budding et Ferrabee)

1 – Roulette de dentiste (1863, Fellows)

1 – Fer à repasser électrique (1882, Seely)

6 – Attache trombone (1900, Waler)

4 – Rasoir électrique (1931, Schick)

3 – Caméscope (1983, SANYO)

Pour calculer votre score : 3 points au total, avec 1 point de moins par erreur.

Jeu n° 2 : MOT POUR MOT

1. c. Ministre

2. b. 2 : Élections et Municipales

3. a. 3

4. c. ligne 3

5. b. au masculin, même si majoritaire peut être compté comme l'un ou l'autre

Pour calculer votre score : 5 points au total, avec 1 point par bonne réponse.

MUSCULATION

Jeu n° 3 : JACQUES A DIT

Je suis malade : Serge Lama.

J'ai un problème : Sylvie Vartan.

Paris-Canaille : Léo Ferré.

Pour calculer votre score : 3 points au total, avec 1 point de moins par erreur.

Jeu n° 4 : CARREAUX PAR CŒUR

À vous d'évaluer si vous n'avez rien oublié !

Pour calculer votre score : 3 points au total, avec 1 point de moins par erreur.

Jeu n° 5 : CLAP ! CARTES EN VRAC !

1. b. non

2. b. faux

3. a. oui, à la deuxième ligne

4. b. oui, 5♠, 6♠, 7♠

5. c. ♥, avec 2 cartes sur 16

Pour calculer votre score : 5 points au total, avec 1 point par bonne réponse.

Jeu n° 6 : ÉCHEC ET MAT !

1. b. un cavalier

2. oui, en bas à droite

3. c. le fou

4. b. faux, sur la ligne 4 il n'y a que des pions

5. b. 7

Pour calculer votre score : 5 points au total, avec 1 point par bonne réponse.

Jeu n° 7 : À L'AVEUGLETTE

Tailleur a été remplacé par avocat.

Pour calculer votre score : 5 points si vous avez vu juste.

DÉTENTE

Jeu n° 8 : DES PETITS TROUS DE MÉMOIRE

« Je me presse de rire de tout, de peur d'être obligé d'en pleurer. »
(Beaumarchais, *Le Barbier de Séville*, Acte I, scène 2)

Pour calculer votre score : 3 points au total, avec 1 point de moins par erreur.

VOTRE SCORE
du 4e parcours

Vous êtes arrivé au terme du quatrième parcours.
Vous pouvez désormais calculer votre score !

JEUX	COMMENT CALCULER VOTRE SCORE ?	VOTRE SCORE
LE GRAND DÉSORDRE	3 points au total, avec 1 point de moins par erreur	
MOT POUR MOT	5 points au total, avec 1 point par bonne réponse	
JACQUES A DIT	3 points au total, avec 1 point de moins par erreur	
CARREAUX PAR CŒUR	3 points au total, avec 1 point de moins par erreur	
CLAP ! CARTES EN VRAC !	5 points au total, avec 1 point par bonne réponse	
ÉCHEC ET MAT !	5 points au total, avec 1 point par bonne réponse	
À L'AVEUGLETTE	5 points pour la bonne réponse	
DES PETITS TROUS DE MÉMOIRE	3 points au total, avec 1 point de moins par erreur	
	TOTAL SUR 32 POINTS	

Entre 0 et 7 points : Essayez de dire à voix haute les éléments à mémoriser : vous avez peut-être une mémoire auditive plus développée, qui sait ?
Entre 8 et 16 points : C'est pas mal. Allongez un peu les temps d'observation pour améliorer vos resultats.
Entre 17 et 24 points : Vous avez réalisé de bonnes performances encourageantes. Essayez de vous surpasser la prochaine fois...
Au-delà de 25 points : Vous croulez sous les lauriers !... Félicitations, vous êtes l'as des as !

Et après votre séance de gymnastique cérébrale ?

Et voilà, vous êtes parvenu au bout de vos 4 parcours et avez réalisé pas moins de 32 exercices ! Ami gymnaste, bravo ! Quelle que soit votre performance, vous avez renforcé votre mémoire.

Et pour vous récompenser de vos beaux efforts, il est l'heure maintenant de vous accorder un temps de pause. Une petite sieste à l'ombre d'un cerisier, un sirop d'orangeade à déguster en terrasse, quelques heures de farniente en toute impunité… Eh oui, toutes les petites paresses sont permises !

MIXTE
Papier issu de sources responsables
FSC® C118234

www.editions-prisma.com

Éditions Prisma
Directeur : Pierre-Olivier Bonfillon
Directrice éditoriale : Françoise Kerlo
Chargée d'édition : Julie Drouet
Chefs de fabrication : Jérôme Brotons et Anne-Kathrin Fischer

Réalisation graphique : Antartik
Illustrations : Jean Mineraud

ISBN : 978-2-8104-1733-9
Dépôt légal : avril 2016
Imprimé par GPS en Slovénie